DON QUICHOTE
CHEZ
LA DUCHESSE,
BALLET COMIQUE
EN TROIS ACTES;

Représenté pour la premiere fois par l'Académie Royale de Musique, le 12 Février 1743.

NOUVELLE ÉDITION.

Le prix est de 24 sois, avec la Musique.

A PARIS,

Chez N. B. DUCHESNE, Libraire, rue S. Jacques,
au-dessous de la Fontaine S. Benoît,
au Temple du Goût.

M. DCC. LX.
Avec Approbation & Privilége du Roi.

ACTEURS.

DON QUICHOTE.
SANCHO.
ALTISIDORE, *Suivante de la Duchesse*
UNE PAYSANNE.
CHASSEURS ET PASTRES.
SUIVANTES DE LA DUCHESSE.
DOMESTIQUES DE LA DUCHESSE,
    Représentant,
MERLIN,
MONTESINOS, } *Enchanteurs.*
AMANS ET AMANTES *enchantés.*
DÉMONS.
JAPONNOIS.
JAPONNOISES.

DON QUICHOTE

CHEZ
LA DUCHESSE,
BALLET COMIQUE.

XXXXXXXXXXXXXXXXXXXXXXXXXX

ACTE PREMIER.

Le Théâtre repréſente une Forêt.

───────────────────

SCENE PREMIERE.

Bruit de chaſſe, SANCHO *pourſuivi par un Ours.*

Au ſecours, au ſecours.
Un monſtre en furie,
Veut trancher mes jours;
Fuyons, fuyons ſa barbarie.

Au secours, au secours.

(*Appercevant l'Ours.*)

Je le vois !... Tout mon sang se glace.
Ah ! malheureux Sancho ! ciel ! où fuir ? où courir ?
Je vais périr.
Ah ! la maudite chasse !

SCENE II.

DON QUICHOTE, SANCHO.

DON QUICHOTE, *tuant l'Ours.*

EXPIRE sous mes coups, discourtois Enchanteur.
Mon bras au défaut du tonnerre,
De monstres sçait purger la terre.

SANCHO, *fierement.*

Tout cede à notre valeur.

SCENE III.

DON. QUICHOTE, ALTISIDORE; SANCHO.

DON QUICHOTE, *à ALTISIDORE.*

J'AI vaincu le Géant; vivez, Altisidore;
Jamais en vain on ne m'implore.

ALTISIDORE.

Un Géant !

SANCHO.

Ces Géans malins
A leur gré changent de figure ;
Un jour transformés en moulins,
Ils nous ont disputé l'honneur d'une aventure.

ALTISIDORE.

Pour ce triomphe, heureux vainqueur,
Non, ce n'est pas assez de ma reconnoissance.
(A part.)
Feignons, pour l'arrêter, une amoureuse ardeur.
(Haut.)
Un sentiment plus doux vous rend cher à mon
    cœur.

DON QUICHOTE.

La gloire d'un bienfait en est la récompense :
Adieu, je pars content.

ALTISIDORE & SANCHO.

Quoi ! {Vous quittez / Nous quittons} ces lieux !

DON QUICHOTE.

Je pars en Héros glorieux.

ALTISIDORE & SANCHO.

Quoi ! {Vous quittez / Nous quittons} ces lieux !

ALTISIDORE.

Où regnent les plaisirs ;

SANCHO.

Où regne l'abondance ?

DON QUICHOTE.

Je suis de mes exploits comptable à l'Univers ;
Dans le sein du repos je ternirois ma gloire.
Non, non, je dois voler de victoire en victoire,
Les plaisirs sont pour moi plus honteux que les fers.
Je vais remplir ma destinée.

SANCHO.

Il n'est rien tel que de jouir.

DON QUICHOTE.

Je vais mériter Dulcinée.

ALTISIDORE, *tendrement.*

Eh ! quoi ! tout autre bien ne peut vous éblouir !

DON QUICHOTE.

COmme on voit au prin-temps naître les

dons de Flo-re, Aux rayons de l'as- tre du

jour ; A l'af- pe&t des yeux que j'a- do-re , On

voit é- clo- re Le ten-dre A- mour : A l'af-

pe&t des yeux que j'a- do- re , On voit é-

clo- - - re Le ten-dre A- mour.

SANCHO.

D'un riche a- zur fa bouche é- cla-te ; Son

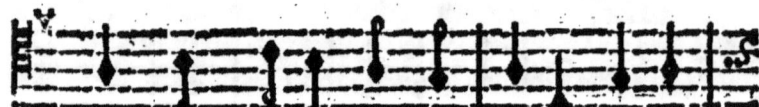

teint fait pâ-lit l'é-car- la-te ; Le co-

rail em-bellit fes yeux! De fon fein l'é-

A iv

beine po- li-e... Ah! ah! ah! c'est une In-

fante accom- pli- e. Rien, rien, rien n'est

ALTISIDORE.

si par-fait sous les cieux.   Est- elle

DON QUICHOTE.

reine ?   Elle est digne de   l'être. On

meurt d'a- mour, on meurt d'a- mour, en

la voyant pa- roître.

ALTISIDORE.

Hélas ! que son sort est heureux !

(A Don Quichote.)

Mais s'il faut en ce jour que le ciel nous fépare,
Du moins voyez les jeux
Que la Duchefle vous prépare.
Habitans de ces forêts,
Du vainqueur célébrez la gloire ;
Son bras plus fûr que nos traits,
Remporte une illuftre victoire.

SCENE IV.

DON QUICHOTE, ALTISIDORE, SANCHO, PASTRES.

CHŒUR.

CHANTONS tous
Un Héros indomptable,
Aufli vaillant qu'aimable ;
Rien n'échape à fes coups.
Ce vainqueur
Eft le rempart des Belles ;
Et des Géans rebelles
Son bras eft la terreur.
Dans nos bois,
Célébrons mille fois
Et fon amour, & fes brillans exploits.
La beauté qui l'enflamme
Regne feule en fon ame ;
Il ne la vit jamais.

C'est la fleur des amans parfaits.
Chantons tous, &c.

(On danse.)

SANCHO.

DU paſ- ſé point de ſouve- nir, Point de ſou-

ci pour l'ave- nir, Au préſent il faut s'en te-

nir. Je veux ri-re, je veux boire, Aimer

quand le cœur m'en dit: Bon, bon; cela me ſuf-

fit. Bien moins de gloire, Plus de pro- fit.

(On danse.)

SCENE V.

Les Acteurs précédens, UNE PAYSANNE.

SANCHO, *à Don Quichote, appercevant la Paysanne.*

Seigneur, ô favorable jour !
L'Infante Dulcinée arrive avec sa Cour.

ALTISIDORE & DON QUICHOTE.
L'Infante Dulcinée !

SANCHO, *bas à Altisidore.*
Il faut user d'adresse
Pour le fixer en ce séjour.
(A la Paysanne)
Recevez mon hommage, adorable Princesse.

LA PAYSANNE.

A Ga, Sti-la ! Que vient-il nous di-re ? Pour

qui me prend-on ? Non, non, Je ne veux pas

rire; Fi-nissez, je ne veux pas ri-re.

DON QUICHOTE.

C'est une villageoise !

SANCHO.

O ciel ! les Enchanteurs
A vos yeux cachent-ils ses charmes ?

DON QUICHOTE.

Quoi ! c'est l'objet divin à qui je rends les armes !

SANCHO.

Dulcinée enleve les cœurs.

SANCHO ET LE CHŒUR.

Son éclat éblouit, tout ressent son empire.

LA PAYSANNE.

Finissez , je ne veux pas rire.

ALTISIDORE.

Que d'attraits ! que d'esprit !
Malgré moi , je l'admire.
Ah ! mon cœur en soupire
De honte & de dépit.

LA PAYSANNE.

TRe-dame! Ma-dame, Point tant de mé-

pris ; Chacun vaut son prix. Si je n'a-

vons la peau si bian po-li- e, Si je n'a-

vons vos biaux at- traits, Les nôtres sont tout

comme on les a faits; Je ne sçais pas me

rendre plus jo- li- e. Sans avoir tant

de fa-vo- ris, Je trouvons à qui plaire ;

C'est notre af- faire : Par- di , chacun vaut son

prix, chacun vaut son prix.

DON QUICHOTE, *se jettant aux genoux*
de la Paysanne.

O miracle de la Nature !
Malgré l'effort d'un Enchanteur,
Don Quichote vous jure
Une éternelle ardeur.
Vous guidez mon bras & mon cœur,
Ce fer confondra l'imposture.

LA PAYSANNE.

JE n'entends point le caquet D'un mu-guet ; Ja-

mais frelu-quet Coquet N'enti- cha ma ver-

tu D'un fé tu. Je suis sans re-proche ; Si

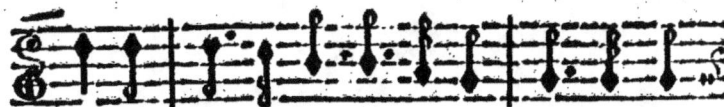

l'on m'approche, Je poche Les yeux ; Adres-

sez-vous mieux. Les Biau-tés de la vil-le, D'hi-

meur plus ci-vile, Plus poliment Recevront un ga-

lant. Je n'avons point ce ta-lent : Vraiment !

Je n'avons point ce ta-lent.

DON QUICHOTE.

Vous fuyez ! ô douleur mortelle !
Je vous suivrai par-tout , cruelle.

SCENE VI.

MERLIN, DON QUICHOTE, SANCHO, ALTISIDORE, LE CHŒUR.

MERLIN, *à Don Quichote.*

ARRÊTE, tu pourſuis en vain
Une Princeſſe infortunée ;
Reconnois la voix de Merlin,
Va, chez Monteſinos, délivrer Dulcinée.
Mille coups redoublés ſur le brave Sancho,
Déſenchanteront cette Belle.
Eſpere tout d'un Ecuyer fidéle,
Qui va faire éclater ſon zéle
Pour l'Infante du Tobozo.

SCENE

SCENE VII.

SANCHO, DON QUICHOTE, ALTISIDORE, LE CHŒUR.

SANCHO.

Nenni, nenni ; ce n'eſt qu'un badinage :
Monſieur Merlin, chacun répond pour ſoi.

CHŒUR.

Quel honneur pour Sancho! quel brillant avantage!

DON QUICHOTE.

Mon ſort ne dépend que de toi.

SANCHO.

Bon ! bon ! ce n'eſt qu'un badinage.

DON QUICHOTE.

Une Iſle ſera ton partage.

SANCHO.

Quand vous me feriez Prince ou Roi,
En pareil cas, chacun répond pour ſoi.

DON QUICHOTE.

Mon bras va te punir d'un refus qui m'outrage.

SANCHO.

Aie, aie, aie.

ALTISIDORE, *retenant Don Quichote.*

Arrêtez.

B

SANCHO, *tremblant de peur.*

Qu'exigez-vous de moi ?

DON QUICHOTE.

Mon bonheur fera ton ouvrage.

SANCHO.

J'enrage.

CHŒUR.

Quel honneur pour Sancho! quel brillant avantage!

Fin du premier Acte.

ACTE II.

*Le Théâtre répréfente l'entrée de la caverne
de* MONTESINOS.

SCENE PREMIERE.

DON QUICHOTE.

SÉJOUR funefte, où regne la terreur;
Devenez, s'il fe peut, plus redoutable encore;
Vous ne m'infpirez point d'horreur:
Vous renfermez la Beauté que j'adore.

SCENE II.

SANCHO, DON QUICHOTE.

SANCHO.

TOus vos malheurs vont prendre fin.
Je viens d'xécuter moi-même,

L'ordre inhumain
De Merlin,
J'en sens encore une douleur extrême.

.DON QUICHOTE.

Ami Sancho , le succès est certain.

SCENE III.

ALTISIDORE , DON QUICHOTE;
SANCHO.

ALTISIDORE.

SEIGNEUR , quel dessein téméraire
Vous fait braver les horreurs du trépas?
Fuyez ces lieux.

DON QUICHOTE & SANCHO.

La gloire a pour $\left\{ \begin{matrix} moi \\ nous \end{matrix} \right\}$ trop d'appas.

ALTISIDORE.

Arrêtez , arrêtez , je ne dois plus vous taire
Un feu trop longtemps combattu ;
L'amour est foiblesse ou vertu,
Tout dépend du choix qu'on sçait faire.
La victoire & l'honneur illustrent votre bras ;

Des rivages brillans, où se leve l'Aurore,
Le bruit de vos exploits m'attire en ces climats ;
Et sous le nom d'Altisidore,
La Reine du Japon vous offre ses États.

SANCHO.

Seigneur, ne les refusons pas.

DON QUICHOTE.

Qu'entends-je ! ô Reine infortunée !

ALTISIDORE.

N'exposez point vos jours, oubliez Dulcinée.

DON QUICHOTE.

Qui peut oublier ses appas ?

SANCHO, *à Don Quichote.*

D'un vain espoir, votre grand cœur s'amuse ;
Vous perdez tout, songez-y bien.
Quelque chose vaut mieux que rien.
Qui refuse,
M'use ;
Quelque chose vaut mieux que rien.

ALTISIDORE.

PAr des con-quêtes nou- vel- les, L'Amour
cherche à se signa- ler. Ses traits victo- ri

eux   bleffent les plus re- bel-les : Mais fon flam-

beau, fouvent loin de brû- ler, Ne produit que

des é- tin- cel- les ; Ce dieu ne

femble a-voir des   ai-les, Que pour vo-

ler   _   _   _   _   _

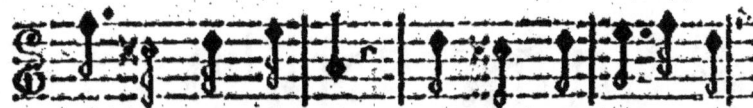

Que pour vo-ler   A des conquêtes nou-

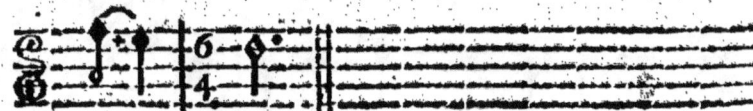

vel- les.

SANCHO, *à Don Quichote.*

La Fortune à nous vient s'offrir,
Ne suivons plus une chimere :
Cette Princesse est votre affaire,
Il vaut mieux tenir que courir.

DON QUICHOTE.

Je ne serai jamais parjure.

ALTISIDORE.

EH ! pourquoi rou- gir de chan-ger ? Tout

chan- ge dans la Na- tu- re. L'onde

nous dit, par son mur- mu- - -

- - re, Qu'en

des sentiers nouveaux elle ai- me à s'enga-

B iv

ger; Le nu- a-ge inconf- tant paf- fe d'un

vol lé- ger; Les ar- bres changent de pa-

tu-re; Les prés de fleurs, & nos champs

de ver- du- re. Eh! pour-quoi rou-

git de chan-ger? Tout chan- ge dans

la Na- tu- re.

DON QUICHOTE.

Non, rien ne peut me dégager.

ALTISIDORE.

C'en eſt aſſez, Ingrat; inſulte à ma tendreſſe :
Mais, crains ma fureur vengereſſe.
Que, juſqu'au tombeau,
La Lune gouverne
Toujours ton cerveau ;
Qu'à tes yeux tout château
Se change en taverne ;
Que l'on y berne
Ton Ecuyer Sancho,
Et périſſe dans la caverne
Ton Infante du Toboſo.

DON QUICHOTE.

Quelle fureur !

SANCHO.

Quel vertigo !

SCENE IV.

DON QUICHOTE, SANCHO.

DON QUICHOTE.

QUe je plains ſa foibleſſe ! ... (*A Sancho.*) Achevons l'aventure.

SANCHO.

Je ſuis, pour vous ſervir, plein d'audace & d'ardeur.

(*Appercevant un Nain.*)
O Ciel! Quelle horrible figure!
Sauvons-nous.

DON QUICHOTE.

Un Nain te fait peur!
Combats ce vil objet que ma valeur méprise.

SANCHO, *mourant de peur.*

Il n'appartient qu'à vous de finir l'entreprise :
A tout Seigneur,
Tout honneur.

DON QUICHOTE.

Lâche, que devient ton audace ?

SANCHO, *tirant son épée.*

Allons donc..... A bon chat, bon rat.
Mais quel charme nouveau m'arrête en cette place?
L'Enchanteur ne veut pas que je sois du combat.

DON QUICHOTE.

Eh ! bien, ouvrons-nous un passage.
(*Des flammes s'opposent à Don Quichote,
& le Nain devient Géant.*)
Je trouve un ennemi digne de mon courage.

SANCHO, *épouvanté.*

Un vrai Géant! C'est fait de nous.
(*Il allonge de grandes estocades en se reculant.*)
Ferme, Seigneur ; je suis à vous :
Point de quartier; fort bien : nous avons l'avantage.

SCENE V.

MONTESINOS, AMANS ET AMANTES *enchantés*, DON QUICHOTE, SANCHO.

Le Géant disparoît au bruit du tonnerre, & le Théâtre repréfente l'intériéur de la caverne de Montefinos ; on y voit une figure de Payfanne. Les Amans & les Amantes paroiffent enchantés dans differentes attitudes.

(*Symphonie qui annonce un défenchantement.*)

MONTESINOS.

Don Quichote eft vainqueur, un nouveau jour me luit.
Amans, qui languiffez dans un trifte efclavage,
Renaiffez, le charme eft détruit.
   (*Les Amans & les Amantes s'animent au bruit d'une fymphonie douce.*)
A ce Héros rendez hommage.
CHŒUR *des Amans & des Amantes.*
Liberté, liberté.
A ce Héros rendons hommage ;
Il triomphe & nous dégage
D'une affreufe captivité.
Liberté, liberté.   (*On danfe.*)

UNE AMANTE.

DE tous les amans du vieux temps, La constance é-

toit le parta- ge. L'Amour ne suit plus cet u-

sa-ge; On ne voit plus de longs romans.

Ainsi que les preux Ama- dis, Don Quichote est

tendre & fi-de- le : Son cœur sen- sible

se mo-dele Sur les A-mans du temps ja- dis.

(On danse.)

UNE AUTRE AMANTE.

JAmais tes charmes Ne causent d'al- larmes, Tendre Amour, doux vainqueur, Je te

livre mon cœur.   Trop ai- mable enchan-

teur! Que ton ar- deur M'enflam-

me. D'une douce lan-

gueur, Viens eny- vrer

viens eny- vrer

mon a- me.

(On danfe.)

DON QUICHOTE.

Vos jeux n'ont rien qui m'intéreſſe ;
Je n'y vois point l'objet de ma tendreſſe.

MERLIN.

Infortuné vainqueur , ton eſpoir eſt trahi ;
Sancho n'a point obéi.

DON QUICHOTE.

Il faut que le traître périſſe.

MERLIN.

Laiſſe-moi le punir.

SANCHO, *à Don Quichote.*

Seigneur , ne croyez pas....

SCENE VI.

Les Aĉteurs précédens , DÉMONS.

MERLIN , *à Don Quichote.*

Tous ces Démons, au défaut de ſon bras,
Vont ſervir tes amours , & faire ſon ſupplice.
(*Aux Démons.*)
Qu'il frémiſſe ,
Gémiſſe ;
Frappez , frappez fort ;
Qu'il tombe ,
Succombe

Sous votre effort,
Frappez, frappez fort.

(*Les Démons battent Sancho.*)

CHŒUR DE DÉMONS.

Qu'il frémiffe,
Gémiffe,
Frappons, frappons fort;
Qu'il tombe,
Succombe
Sous notre effort.
Frappons, frappons fort.

SANCHO, *tombant fous les coups.*

A l'aide, je fuis mort.

DON QUICHOTE.

D'où vient qu'en ce moment le charme dure encore ?

SCENE VII.

Les Acteurs précédens, **ALTISIDORE.**

ALTISIDORE, *tenant une baguette magique*
à la main.

INGRAT, connois Altifidore.
Accourez à ma voix, Miniftres des Enfers,
Tranfportez Dulcinée au bout de l'Univers.

(*Des Démons enlevent la figure*
de la Payfanne.)

Aux Enchanteurs , aux Démons , aux Amans & Amantes.

Fuyez , obéissez à mon pouvoir suprême.

SCENE VIII.

ALTISIDORE, DON QUICHOTE; SANCHO.

ALTISIDORE, *à Don Quichote.*

JE vais l'exercer sur toi-même ;
 (A Sancho.)
Prends la forme d'un Ours; & toi, d'un Singe affreux.
 (Elle les touche de sa baguette.)

SANCHO.

Hélas ! qu'ai-je fait , malheureux !

DON QUICHOTE.

Quelle rigueur extrême !

ALTISIDORE.

Vous seuls reconnoîtrez vos traits ;
Allez , monstres nouveaux , errer dans les forêts.

Fin du second Acte.

ACTE

ACTE III.

Le Théâtre représente les Jardins de la
DUCHESSE.

SCENE PREMIERE.

SUIVANTES DE LA DUCHESSE;
*qui feignent de prendre Sancho pour un
Singe* ; SANCHO.

CHŒUR *des Suivantes de la Duchesse.*

LE gentil joli sapajou !
C'est un bijou.

SANCHO.

Je ne suis plus Sancho, fatale destinée !
Hélas ! je fuis, sans sçavoir où.

C

CHŒUR.

Le gentil joli fapajou !
C'eſt un bijou.

SANCHO.

Maudite ſoit la Dulcinée,
Dont mon maître eſt devenu fou.

CHŒUR.

Le gentil joli fapajou !
C'eſt un bijou.

UNE SUIVANTE *de la Ducheſſe.*

Voyons, voyons ce qu'il ſçait faire :
Aimable Singe , approchez-vous :
Sautez, ſautez ; il paroît aſſez doux.
Sautez pour Dulcinée.* Ah ! qu'il eſt en colere !

* *Sancho paroît en fureur au nom de Dulcinée.*

SCENE II.

Les Acteurs précédens, DON QUICHOTE.

CHŒUR, *appercevant Don Quichote.*

Un Ours en fureur vient à nous !
Fuyons tous.

DON QUICHOTE.

Que mon deſtin eſt déplorable !

CHŒUR.

Quel heurlement épouvenṭable !

DON QUICHOTE.

Tout tremble à mon aſpect !

CHŒUR.

Fuyons tous, fuyons tous.

Cij

SCENE III.

DON QUICHOTE, SANCHO.

DON QUICHOTE.

EN vain l'Enfer me déclare la guerre :
Qu'Altifidore allume le tonnerre ;
Brillant Soleil de mes amours ,
C'eſt vous que j'aimerai toujours.

SANCHO.

Voilà le fruit de votre ardeur conſtante.
Que m'importoit , hélas !
La liberté de votre Infante ?
Sur moi tous les Démons ont exercé leurs bras :
Pour comble de maux on m'enchante.

DON QUICHOTE.

N'aigris point mes douleurs.

SANCHO.

Pouvez-vous , ſans remords ,
Accabler de mépris la Reine des Pagodes ,
Qui vient exprès des Antipodes ,
Pour nous offrir ſon cœur & ſes tréſors ?

DON QUICHOTE.

Des Géans j'excite l'envie ;

Des Reines j'excite l'amour.
Tel est le destin de ma vie.

SANCHO.

Un trône offert mérite du retour.

DON QUICHOTE.

Je renonce au diadême,
S'il faut trahir ma foi.
La couronne est au Sort, mes vertus sont à moi :
Je ne devrai ma grandeur qu'à moi-même.

SANCHO.

Quel vain scrupule vous retient ?
Il faut aimer, quand on nous aime,
Le plaisir est le bon système ;
Prenez le temps comme il vient.

DON QUICHOTE.

Mais j'apperçois Altisidore.

SCENE IV.

DON QUICHOTE, ALTISIDORE, SANCHO.

DON QUICHOTE, *à Altisidore.*

AH ! rendez-moi la Beauté que j'adore.

ALTISIDORE.

Non, non, ne l'espere jamais ;
Je viens jouir de tes regrets.

SANCHO.

Permettez que pour moi du moins je vous implore.

ALTISIDORE.

Non, non, ne l'espere jamais.

DON QUICHOTE.

Si j'ai sauvé vos jours, quel prix de mes bienfaits!

ALTISIDORE.

L'A-mour ne sauroit se con- traindre, L'obl-

nacle irrite encor l'ar-deur; Le vent ral-

lume a-vec fu reur Le feu qu'il ne peut é-

tein- dre : Le vent rallume avec fu-

reur Le feu qu'il ne peut é-tein-dre.

Vous allez habiter des déferts pleins d'horreur.

SANCHO.

Nous y mourrons de faim, de soif, & de frayeur.

DON QUICHOTE.

Mon amour m'y fuivra.

SANCHO.

Fortune trop cruelle !

ALTISIDORE.

Vengeons-nous mieux d'un cœur rebelle.

(A Don Quichote.)

Crains pour l'objet de tes amours.

DON QUICHOTE.

En dût-elle périr, je l'aimerai toujours.

SANCHO.

Mais nous périrons avec elle ;
Vous nous affaffinez par votre amour conftant :
Aimez la moins, puifque vous l'aimez tant.

ALTISIDORE, *feignant de la furprife.*

Ciel ! Merlin en ces lieux s'avance !

SCENE V.

MERLIN, DON QUICHOTE, ALTISIDORE, SANCHO.

MERLIN, à *Altifidore.*

CEssE d'opprimer l'innocence.
                    (Montrant Don Quichote.)
Contente-toi des maux qu'il a foufferts,
Et refpecte un Héros utile à l'Univers.

*(Il touche Don Quichote & Sancho
de fa Baguette.)*

ALTISIDORE.

Quel charme détruit ma puissance !

MERLIN.

Merlin protege les Héros.

SANCHO.

Monsieur Merlin , vous venez à propos ;
Mais ne me chargez plus des destins d'une Infante.

MERLIN, à *Don Quichote.*

Ta flamme sera triomphante.
Tu peux punir qui vouloit t'outrager :
Que l'ingrate à son tour gémisse.

DON QUICHOTE.

Ce n'est qu'en pardonnant que l'on sçait se venger,
Et les cœurs criminels renferment leur supplice.

ALTISIDORE.

Un trait si généreux me force à t'admirer ;
Mes yeux s'ouvrent enfin ; je vois mon injustice :
C'est à moi de la réparer.

ALTISIDORE, ET MERLIN.

Fidele amant , ta peine cesse ,
Et ton amour triomphe après tant de combats :
Vas au Japon retrouver ta Princesse ,

Avec cette Beauté , regne sur ${mes \atop ses}$ États.
Merlin montre Altifidore.

DON QUICHOTE.

O bel Aftre ! ce jour finit notre martyre.

MERLIN.

Calmons auffi le trouble de Sancho ;
Avec l'Ifle qu'il défire ,
Un jour il obtiendra l'Infante de Congo.

DON QUICHOTE.

On te donne une Infante , & j'obtiens un Empire ;
Rends grace à ma valeur.

SANCHO.

Tel maître , tel valet.
Si ma fortune eft un peu mince ,
Si je ne fuis ni Roi ni Prince ,
Je ne ferai pas moins le fait
De ce rare & charmant objet.
La renommée
N'eft que fumée ;
Tout ce qui reluit n'eft pas or :
Mon cœur tout feul vaut un tréfor.

ALTISIDORE , *à Don Quichote.*

Ma fuite va vous rendre hommage :
Moi-même avec plaifir je fuivrai votre loi.
Habitans du Japon , connoiffez votre Roi ;
Chantez fes feux , célébrez fon courage.

SCENE XVI. & derniere.

Les acteurs précédens, JAPONNOIS,
JAPONNOISES.

CHŒUR.

CHANTONS ses feux, célébrons son courage :
Que la gloire de ses exploits
Vole d'âge en âge.
Qu'il regne & nous donne des loix.

UN JAPONNOIS.

FLambeau des cieux, ta fé- conde chaleur A-

nime moins qu'une amoureuse ar- deur ; Tout

reconnoît l'em- pire De l'A- mour, Où

même ex- piré L'Astre du jour. Par-tout ses

feux ne brillent pas: Mais l'Amour est de

tous cli- mats. Les ardens Chi-nois, Les Lappons

froids, Les Iro-quois, Tout brule sous ses loix.

(On danse.)

UNE JAPONNOISE.

VO- le, Amour, vole, vole, vo-

- - - - le, re- gne, sur nos

a- mes : Tu tri- omphes, tu nous en-

flammes, tu nous enflam- · · ·

· · · · · · · mes

Par l'at- tén-te des plai-firs.   Vo-

le, Amour, vole, vole, ve- · ·

· · · le, Amour, regne fur nos

a-mes : Tu tri- omphes, tu tri-

om- - - phes, tu nous enflam-

- - mes, Vole, vole, tu nous en-

flam- - - - - mes Par l'at-

ten- te des plai- firs, Tu nous en-

flam- - - - mes Par l'at-

ten- te des plai- firs. Fais duser longtemps notre y-vresse ; L'art char- mant de

la ten- dresse Est l'art d'amu- ser nos de-

sirs ; L'art char- mant de la ten- dresse

Est l'art d'amu- ser nos de-sirs, Est l'arc d'amu-

ser nos de- sirs.

FIN.

Le Privilége général de toutes les Œuvres de M. Favart a été accordé le 27 Avril 1759, & a été enregistré le 16 Mai suivant à la Chambre Royale & Syndicale des Librai- res & Imprimeurs de Paris, Nº. 521. fol. 356.

Catalogue de Musiques nouvelles relatives aux Pieces de Théâtres & autres.

L'Amusement des Dames , ou Recueil de Menuets, Contre-Danses , Vaudevilles , Rondes de Table, 10 Parties ,   12 l.

La Toilette de Vénus dreffée par l'Amour , contenant des Menuets, Contre-Danses , Vaudevilles , 10 Parties ,   12 l.

Le Paffe-tems agréable & divertiffant , Vaudevilles , Rondes de Table, Duo , Brunettes & autres , 10 Parties ,   12 l.

Les Defferts des petits Soupers de Madame de ... 10 Parties ,   12 l.

L'Année Muficale , contenant un Recueil de jolis Airs , Parodies , en 20 Parties , formant 2 vol. in-8°.   24 l.

Les mille & une Bagatelles en 28 Parties ,   33 l. 12 f.

Les Thémiréïdes , ou Recueil d'Airs à Thémire , 3 Parties , par M. l'Abbé de l'Attaignant ,   3 l. 12 f.

Amufemens champêtres , ou les Aventures de Cythere , Chanfons nouvelles à danfer , 2 Parties ,   2 l. 8.

Recueils d'Airs & Menuets , Contre-Danses , Parodies chantés fur les Théâtres de l'Académie Royale de Mufique , & de l'Opera-Com. 17 Parties , chaque Partie fe vend féparément ,   1 l. 4 f.

Recueil de Menuets , Contre-Danses & Vaudevilles chantés aux Comédies Françoife & Italienne , 13 parties.   15 l. 12 f.

Le Troc , Parodie des Troqueurs , avec toute la Mufique ,   3 l. 12 f.

Airs choifis des Troqueurs ,   1 l. 4 f.

Ariettes du Médecin d'Amour ,   2 l. 8 f.

Ariettes de l'Heureux Déguifement ,   2 l. 8 f.

La Mufique de la Pipée ,   2 l. 10 f.

Ariettes de Blaife le Savetier ,   1 l. 4 f.

Ariettes de l'Yvrogne corrigé ,   1 l. 4 f.

Le Recueil de Chanfons de Vadé , noté.   1 l. 4 f.

Le Deffert des petits Soupers agréables , ou le Poftillon fans chagrin , 1 l. 4 f.

Ariettes de la Bohemienne de la Comédie Italienne , 2 parties.   3 l. 12 f.

Airs choifis de la Bohemienne de l'Opera Comique ,   1 l. 4 f.

Ariettes du Chinois ,   2 l. 8 f.

La Mufique de la Fille mal gardée ,   1 l. 16 f.

Vaudevilles & Ariettes des Indes danfantes ,   1 l. 4 f.

Vaudevilles & Ariettes de Raton & Rofette ,   1 l. 10 f.

Vaudevilles d'Omphale , & de Baftien & Baftienne ,   1 l. 4 f.

Ariettes de Ninette à la Cour , 4 parties.   6 l. 18 f.

Mufique de la Soirée des Boulevards ,   1 l. 4 f.

Vaudevilles & Ariettes du Ballet des Savoyards ,   1 l. 4 f.

La Folie du jour , ou les Portraits à la Mode , Vaudeville & Contre-Danfe ,   12 f.

Mufique des Airs d'Acajou ,   2 l. 8 f.

Mufique des Nymphes de Diane ,   2 l. 8 f.

Mufique de Cythere affiegé ,   1 l. 16 f.

Menuets nouveaux en Concerto , Contre-Danfes , 4 parties.   4 l. 16 f.

Les Loix de l'Amour , ou Recueil de différens Airs , 3 parties.   3 l. 12 f.

Amufemens en Duo pour les Viel'es , Mufettes , Haut-bois , Violons , Flutes , en 6 parties.   7 l. 4 f.

Cantatille nouvelle des Talens à la mode , de M. de Boiffi.   1 l. 4 f.

Choix de différents morceaux de Mufique , 2 parties.   2 l. 8 f.

L'Yvrogne corrigé en partition , in fol.   9 liv.

Le volume fe vend 12 livres , & le cahier 24 fols ; le tout , féparément.

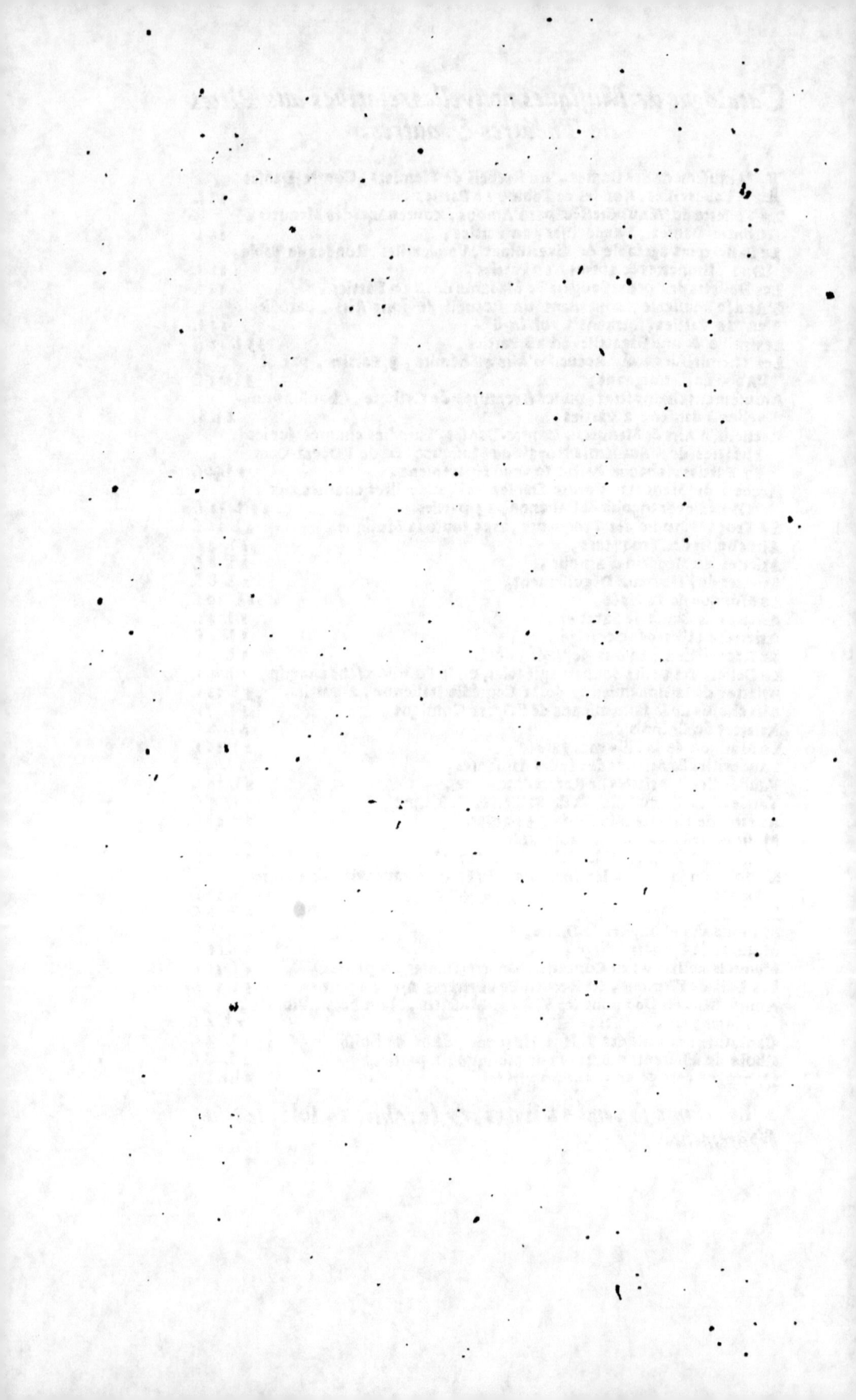

www.ingramcontent.com/pod-product-compliance
Lightning Source LLC
LaVergne TN
LVHW022211080426
835511LV00008B/1709